Documentos de la democracia de Estados Unidos

EL PACTO DEL MAYFLOWER

Christine Honders
Traducido por Esther Sarfatti

PowerKiDS press.

Nueva York

Published in 2017 by The Rosen Publishing Group, Inc.
29 East 21st Street, New York, NY 10010

Translator: Esther Sarfatti
Editorial Director, Spanish: Nathalie Beullens-Maoui
Editor, English: Katie Kawa
Book Design: Tanya Dellaccio

Photo Credits: Cover (painting), p. 21 https://commons.wikimedia.org/wiki/File:The_Mayflower_Compact_1620_cph.3g07155.jpg; Cover (document), p. 23 https://commons.wikimedia.org/wiki/File:Mayflower_Compact_Bradford.jpg; p. 5 Charles Phelps Cushing/ClassicStock/Getty Images; p. 7 (main) Archive Photos/Getty Images; p. 7 (inset) https://commons.wikimedia.org/wiki/File:JamesIEngland.jpg; p. 9 (main) https://commons.wikimedia.org/wiki/File:Robert_Walter_Weir_-_Embarkation_of_the_Pilgrims_-_Google_Art_Project.jpg; p. 9 (inset) https://commons.wikimedia.org/wiki/File:US-$10000-FRN-1918-Fr-1135d.jpg; p. 11 Print Collector/Getty Images; p. 13 jiawangkun/Shutterstock.com; p. 15 https://commons.wikimedia.org/wiki/File:Myles_Standish.jpg; p. 16 Lambert/Getty Images; p. 17 Courtesy of the Library of Congress; p. 19 (document) https://commons.wikimedia.org/wiki/File:Brewster_COE_Treatise.png; p. 19 (portrait) https://commons.wikimedia.org/wiki/File:William_Brewster_cropped.png; p. 25 Everett Historical/Shutterstock.com; p. 27 (main) MPI/Getty Images; p. 27 (document) https://commons.wikimedia.org/wiki/File:Frontispiece_Mourt%27s_Relation_1622.jpg; p. 28 Marcio Jose Bastos Silva/Shutterstock.com.

Cataloging-in-Publication Data

Names: Honders, Christine, author.
Title: El Pacto del Mayflower / Christine Honders, translated by Esther Safratti.
Description: New York : PowerKids Press, 2016. | Series: Documentos de la democracia de Estados Unidos | Includes index.
Identifiers: ISBN 9781508151715 (pbk.) | ISBN 9781508151739 (library bound) | ISBN 9781508151722 (6 pack)
Subjects: LCSH: Mayflower Compact (1620)-Juvenile literature. | Pilgrims (New Plymouth Colony)-Juvenile literature. | Mayflower (Ship)-Juvenile literature. | Massachusetts-History-New Plymouth, 1620-1691-Juvenile literature.
Classification: LCC F68 .H768 2016 | DDC 974.4/02-dc23

Manufactured in the United States of America

CPSIA Compliance Information: Batch #BS16PK: For Further Information contact Rosen Publishing, New York, New York at 1-800-237-9932

CONTENIDO

EL PRIMER DOCUMENTO DE GOBIERNO EN LA NUEVA COLONIA

Imagínate cómo sería viajar en barco durante más de dos meses, navegando hacia una tierra desconocida. Trata de hacerte una idea de cómo sería cruzar el océano en un barco de carga sin **portas** y compartiendo el abarrotado espacio con un montón de extraños. Después, imagínate que no te llevas bien con algunos de los pasajeros. Sería horroroso, ¿verdad?

Pues así es cómo llegó a América en 1620 uno de los primeros grupos de **inmigrantes**, en un barco llamado el *Mayflower*. Estos pasajeros, de diversa procedencia, viajaban al Nuevo Mundo, entre otras razones, en busca de libertad de religión. Para mantener la paz, los miembros del grupo **redactaron** y firmaron un documento que llegó a conocerse como el Pacto del Mayflower. Fue el primer documento escrito por europeos para establecer un gobierno en la nueva colonia que un día sería Estados Unidos.

La travesía del Mayflower *duró 66 días. Había más de 100 personas en el barco. El Pacto del* Mayflower *se redactó para unir a esas personas bajo un solo gobierno y un conjunto de leyes.*

ANTES DEL MAYFLOWER

La historia del Pacto del Mayflower tiene sus raíces muchos años antes de que el *Mayflower* llegara al Nuevo Mundo. Antes de 1534, el catolicismo era la religión oficial de Inglaterra, y la Iglesia Católica Romana jugaba un papel importante en el gobierno del país. Cuando el rey Enrique VIII quiso divorciarse de su esposa y el Papa rehusó anular su matrimonio, el rey decidió romper con la Iglesia católica y hacerse cargo de su propia iglesia: la Iglesia de Inglaterra.

Algunos ingleses opinaban que había que purificar y simplificar la Iglesia de Inglaterra, y por esta razón estas personas recibieron el nombre de puritanos. Querían introducir cambios a la doctrina de la iglesia. Otros ingleses, entre ellos algunos de los que hicieron el viaje en el *Mayflower*, eran de la opinión que debían romper completamente con la Iglesia de Inglaterra.

Los separatistas no eran iguales a los puritanos. Los separatistas creían que debían romper con la Iglesia de Inglaterra, mientras que los puritanos pensaban que podían hacer algunos cambios pero continuar siendo parte de la Iglesia de Inglaterra.

EN BUSCA DE LA LIBERTAD

A principios del siglo XVII, algunos de los que se separaron de la Iglesia de Inglaterra fundaron su propia iglesia en Scrooby, una pequeña aldea en el condado de Nottingham. Este grupo y otros hicieron sus propias reglas y establecieron sus propias prácticas, lo cual enojó a los dirigentes de la Iglesia de Inglaterra. Según ellos, estos grupos, conocidos como separatistas, violaban la ley al no aceptar la autoridad de la Iglesia de Inglaterra. Bajo el rey Jacobo I, los separatistas empezaron a sufrir ***persecución****, ya que a menudo se les consideraba traidores. Por esta razón, en lugar de practicar su religión en secreto, muchos decidieron irse del país en busca de mayor libertad religiosa.*

Rey Jacobo I

EL COMIENZO DE UNA VIDA NUEVA

En 1608, algunos separatistas viajaron a los Países Bajos, ya que allí tendrían libertad para practicar su religión como quisieran. No obstante, la vida en los Países Bajos les resultó difícil. No lograban encontrar trabajos bien remunerados. Además, pensaban que el comportamiento de los holandeses era un mal ejemplo para sus hijos. Pronto estos separatistas decidieron viajar al Nuevo Mundo.

Los líderes separatistas firmaron un contrato con la empresa *Virginia Company* de Londres para establecer su propio asentamiento en Norteamérica. El rey Jacobo I había fundado dicha empresa para facilitar la creación de

SEGUNDO INTENTO

El primer intento de los separatistas de llegar al Nuevo Mundo acabó casi al comienzo. Nada más salir, el Speedwell *tuvo fugas de agua y ambos barcos tuvieron que regresar a puerto. El* Speedwell *no se pudo reparar, por lo que algunos de sus pasajeros fueron transferidos al* Mayflower, *que una vez más partió rumbo al Nuevo Mundo el 6 de septiembre de 1620. Lamentablemente, debido al retraso, el barco tuvo que cruzar el océano Atlántico durante la temporada de tormentas. Con 102 pasajeros a bordo, el barco estaba abarrotado. Muchos de ellos se marearon, lo que ocasionó una horrible travesía.*

asentamientos en la costa este del Nuevo Mundo. Muchas personas que no compartían las creencias de los separatistas, decidieron emprender el viaje al Nuevo Mundo en busca de fortuna. En agosto de 1620, partieron dos barcos: el *Speedwell* y el *Mayflower*.

Este cuadro muestra a los separatistas en la cubierta del Speedwell *antes de emprender el viaje. Esta imagen aparecía en el reverso del billete de 10,000 dólares el cual ya no circula.*

EL *MAYFLOWER* Y SUS PASAJEROS

Había 37 separatistas a bordo del *Mayflower*. Aunque ellos organizaron el viaje, constituían la minoría. Había menos separatistas a bordo que pasajeros que no compartían sus creencias religiosas. La tripulación consistía entre 20 y 30 hombres, encabezados por el capitán del barco, Christopher Jones.

El *Mayflower* era un barco de carga que usualmente transportaba vino y telas. La carga se mantenía en una bodega, sin portas, debajo de la cubierta superior. Como en este viaje la carga eran los pasajeros, fue allí que hicieron la travesía. Muchos miembros de la tripulación acamparon en la proa del barco, donde hacía frío y eran bañados por las olas que azotaban constantemente al barco. El capitán seguramente ocupaba el lugar más resguardado y seco en el barco.

Un pasajero falleció durante la travesía del Mayflower. *También nació un bebé durante el viaje, y le pusieron por nombre Oceanus.*

"EXTRAÑOS" Y "SANTOS"

Las personas que viajaban en el *Mayflower* eran muy diferentes. Los separatistas estaban muy unidos entre sí y la razón principal para emprender el viaje era lograr mayor libertad religiosa. No tenían interés en hacerse ricos ni abrir negocios en el Nuevo Mundo. Lo que querían era establecer una comunidad religiosa. En general, los separatistas no se asociaban con gente que no compartía sus creencias religiosas. A las personas que no tenían la misma religión que ellos los llamaban "extraños". Los separatistas eran conocidos como "santos".

Muchos de los "extraños" en el barco no estaban interesados en la libertad de religión. Querían hacer dinero. Creían que serían bien remunerados por su trabajo durante el viaje y esperaban tener más oportunidades de ganar dinero una vez que llegaran al Nuevo Mundo. Algunos de los "extraños" eran trabajadores y **sirvientes bajo contrato**.

El Mayflower II *se construyó con la idea de que fuera exactamente como el* Mayflower. *Puedes visitar el* Mayflower II *en* Plymouth Plantation *en Plymouth, Massachusetts, para ver lo pequeña que era el área de alojamiento para pasajeros del* Mayflower.

LOS PEREGRINOS

Los que viajaron en el Mayflower *hoy son conocidos como los peregrinos, aunque no se les llamó así hasta muchos años después de asentarse en el Nuevo Mundo. El término "peregrino" se encontró por primera vez en un escrito de un líder separatista llamado William Bradford. Él se refirió a sí mismo y a sus compañeros de viaje como peregrinos cuando salieron de los Países Bajos. Después, en 1820, durante la celebración del* **bicentenario** *del desembarco del* Mayflower*, Daniel Webster, conocido orador y político, se refirió a los separatistas como los "Padres Peregrinos", y ese nombre ha perdurado.*

Al convivir gente tan diferente durante tantos meses en el *Mayflower*, surgieron desacuerdos. Los "extraños" no compartían las creencias de los separatistas y eso fue causa de tensión entre los dos grupos, la cual se acentuó debido a las precarias condiciones del viaje. Debido al mal tiempo, muchos peregrinos se enfermaron con mareos y vómitos y no disponían de más ropa para cambiarse. La tripulación se burlaba de ellos y los insultaban con apodos desagradables.

Los viajeros estaban a punto de enfrentarse a la situación más **aventurada** de sus vidas. No sabían cómo sería el clima o la tierra donde arribarían, ni dónde podrían encontrar agua y comida o si se toparían con gente hostil en el Nuevo Mundo. Muchos pensaban que debían dejar a un lado sus diferencias y trabajar juntos para lograr sobrevivir.

Myles Standish, que aparece en este cuadro, era uno de los "extraños" del Mayflower. *Cuando los viajeros del* Mayflower *establecieron la colonia de Plymouth, él se convirtió en su líder militar.*

M.STANDISH.
TATIS SUÆ 38
1625

¡TIERRA A LA VISTA!

A principios de noviembre de 1620, los pasajeros del *Mayflower* divisaron tierra. Sin embargo las tormentas habían desviado el rumbo del barco y se encontraba mucho más al norte de lo previsto. En lugar de llegar a la boca del río Hudson, en lo que hoy es Nueva York, llegaron cerca del actual Cape Cod en Massachusetts.

Esto creó una situación difícil. Los colonos no tenían derecho legal a esta nueva tierra. Su contrato con *Virginia Company* ya

El Mayflower *llegó a la punta de Cape Cod, en la actual ciudad de Provincetown, Massachusetts. Un grupo de hombres se puso a explorar la zona en busca de un lugar para construir su colonia. En diciembre de 1620, encontraron el lugar que más adelante sería Plymouth.*

no era válido porque no estaban dentro de la **jurisdicción** de la compañía. Algunos de los "extraños" argumentaron que, ya que no estaban en el territorio donde habían acordado asentarse, no tenían que seguir las órdenes de nadie. Amenazaron con irse a vivir por su cuenta. Los separatistas, sin embargo, sabían que la colonia fracasaría sin leyes convencionales.

HAGAMOS UN PACTO

Aunque la idea de libertad total seguramente resultaba tentadora para algunos de los “extraños”, pronto se dieron cuenta de que los separatistas tenían razón: era mejor para todos que hubiera orden. Los colonos decidieron hacer un pacto, o acuerdo, entre ellos para establecer este orden.

Los separatistas comenzaron a **redactar** el pacto antes de desembarcar del *Mayflower*. William Brewster, un separatista con estudios universitarios, fue uno de sus autores principales, junto con William Bradford, quien más tarde fue gobernador de la colonia de Plymouth. Lo que ahora llamamos el Pacto del Mayflower es un documento corto, de unas 200 palabras, pensado así a propósito. Sentó las bases para el autogobierno y sirvió de acuerdo común para que los colonos pudieran vivir y trabajar juntos bajo las mismas leyes.

William Brewster era un separatista y uno de los miembros más respetados de la ***congregación*** *de Scrooby. Mientras estaba en los Países Bajos, imprimió* ***folletos*** *religiosos, como el que se muestra aquí. Después envió los folletos a Inglaterra, a pesar de ser una acción ilegal. Una vez establecido en el Nuevo Mundo, Brewster se convirtió en el líder religioso de la colonia de Plymouth.*

WILLIAM BREWSTER

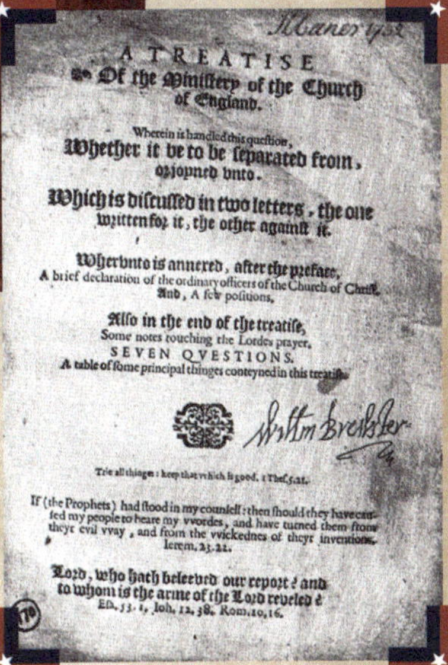

A TREATISE
Of the Ministery of the Church of England.

Wherein is handled this question,
Whether it be to be separated from, or joyned unto.

Which is discussed in two letters, the one written for it, the other against it.

Wherunto is annexed, after the preface,
A brief declaration of the ordinary officers of the Church of Christ.
And, A few positions.

Also in the end of the treatise,
Some notes touching the Lordes prayer.
SEVEN QVESTIONS.
A table of some principal thinges conteyned in this treatise.

Trie all thinges: keep that which is good. 1 Thes. 5.21.

If (the Prophets) had stood in my counsell: then should they have caused my people to heare my vvordes, and have turned them from theyr evil vvay, and from the vvickednes of theyr inventions. Ierem. 23.22.

Lord, who hath beleeved our report? and to whom is the arme of the Lord reveled? Esa. 53.1, Ioh. 12.38, Rom. 10.16.

EL “CUERPO POLÍTICO”

El Pacto del Mayflower no es una constitución. Muchos lo consideran un contrato social. Bradford lo llamó “una asociación y un acuerdo”. Este acuerdo era vinculante, lo cual significa que se tenía que cumplir obligatoriamente. En él se decía que los colonos formarían un “cuerpo político civil” o un grupo que crearía un gobierno. Este grupo elegiría a sus líderes a través de un voto mayoritario. Las leyes que establecerían serían “para el bien general de la colonia”.

Puesto que el Pacto del Mayflower lo escribieron los separatistas, se parece a los acuerdos que sus grupos religiosos redactaban cuando fundaban nuevas iglesias. Los separatistas tomaron este modelo y lo adaptaron al establecimiento de un gobierno para ciudadanos comunes. Este documento es el primer paso del que se tiene constancia hacia la creación de un gobierno democrático en lo que hoy es Estados Unidos.

El Pacto del Mayflower *fue firmado por 41 hombres, o casi todos los que viajaban a bordo.*

LA FIRMA DEL PACTO

El Pacto del Mayflower se firmó a bordo del Mayflower *el 11 de noviembre de 1620. Los pasajeros vivieron prácticamente todo el invierno a bordo del* Mayflower. *Aunque la colonia de Plymouth se estableció en diciembre de 1620, los colonos permanecieron a bordo del barco mientras construían sus casas. No estaban acostumbrados al clima tan severo en esta parte del mundo, y casi la mitad de los viajeros fallecieron ese invierno debido a enfermedades y falta de alimento.*

"Habiendo emprendido para la gloria de Dios, el avance de la fe cristiana y el honor de nuestro rey y patria, una travesía para plantar la primera colonia al norte de Virginia, los presentes hacemos pacto solemne y mutuamente, en la presencia de Dios y nuestra, y conjuntamente formamos un cuerpo político civil para nuestro orden, preservación y fomento de los fines antedichos..."

"LEYES JUSTAS Y EQUITATIVAS"

El Pacto del Mayflower no es una declaración de independencia. De hecho, al comienzo del documento, los colonos declaran su lealtad al rey Jacobo de Inglaterra. Sin embargo, lo cierto es que sirvió de ejemplo a los Padres Fundadores cuando redactaron la Constitución de Estados Unidos, una vez conseguida la independencia de Inglaterra.

Uno de los conceptos más importantes del Pacto del Mayflower es la idea de las "leyes justas y equitativas" enactadas por el pueblo y para el pueblo. El Pacto del Mayflower es un acuerdo que afirma que, como grupo, los colonos trabajarían juntos para sobrevivir. Sabían que estas leyes "justas y equitativas" los ayudarían a sobrevivir. Los signatarios del Pacto del Mayflower establecieron que las leyes se aprobarían y eligirían a sus líderes mediante la mayoría de voto.

El documento original del Pacto del Mayflower se extravió. Esta copia, escrita a mano por William Bradford, fue encontrada en su diario, que luego fue publicado con el título "Of Plymouth Plantation."

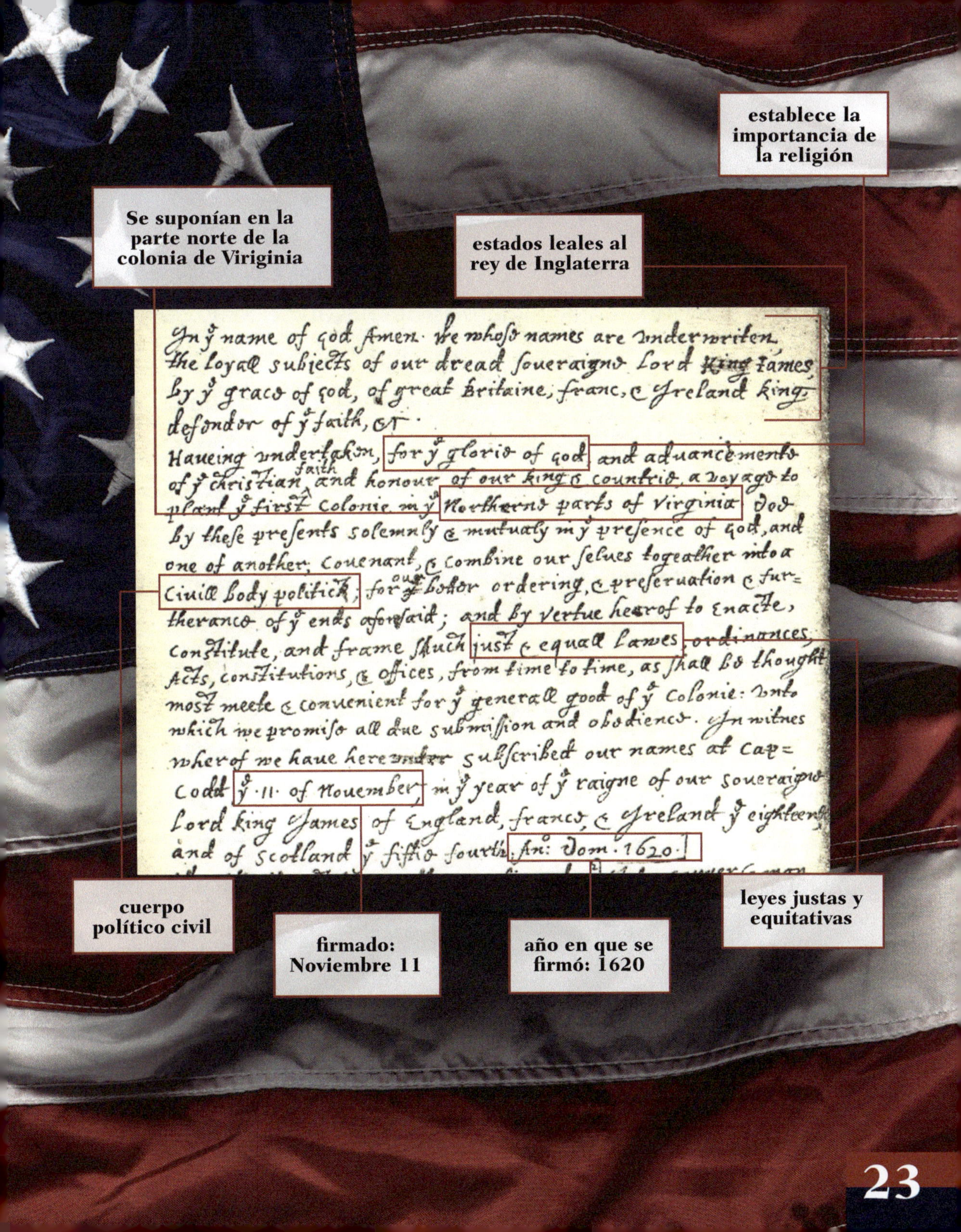
In ye name of God Amen. We whose names are underwriten,
the loyall subiects of our dread soueraigne Lord King James,
by ye grace of God, of great Britaine, franc, & Ireland king,
defender of ye faith, &c.
Haueing undertaken, for ye glorie of God, and aduancemente
of ye Christian faith and honour of our king & countrie, a voyage to
plant ye first Colonie in ye Northerne parts of Virginia. Doe
by these presents solemnly & mutualy in ye presence of God, and
one of another, couenant, & combine our selues togeather into a
Civill body politick; for our better ordering, & preseruation & fur=
therance of ye ends aforesaid; and by vertue hearof to enacte,
constitute, and frame shuch just & equall lawes, ordinances,
Acts, constitutions, & offices, from time to time, as shall be thought
most meete & conuenient for ye generall good of ye Colonie: unto
which we promise all due submission and obedience. In witnes
wherof we haue hereunder subscribed our names at Cap=
Codd ye ·11· of Nouember, in ye year of ye raigne of our soueraigne
Lord King James of England, france, & Ireland ye eighteenth
and of Scotland ye fiftie fourth. An: Dom · 1620 ·

LAS PRIMERAS ELECCIONES

Casi inmediatamente después de firmar el Pacto del Mayflower, los signatarios eligieron a John Carver como su primer gobernador. Este separatista y hombre de negocios había ayudado a cerrar el trato con *Virginia Company* para financiar el viaje del *Mayflower*. Fue uno de los signatarios del Pacto del Mayflower y participó en la búsqueda de la tierra donde se establecería la colonia de Plymouth.

El logro más importante de Carver fue el tratado de paz que hizo con los wampanoag, un pueblo indígena que vivía en la zona. En abril de 1621, menos de un año después de ser elegido gobernador, Carver falleció.

En junio de 1621, los miembros de la colonia de Plymouth recibieron una nueva **patente** de Inglaterra, la cual les daba el derecho a vivir en esa tierra. Ya no era necesario el Pacto del Mayflower, aunque su influencia perduró.

VECINOS NATIVOS AMERICANOS

Los peregrinos interactuaron principalmente con un líder wampanoag llamado Ousamequin. Pero, como los wampanoag llamaban a todos sus líderes massasoit, *los peregrinos pensaron, equivocadamente, que el nombre de pila de Ousamequin era Massasoit. En general, las relaciones entre los peregrinos y la gente wampanoag eran amistosas. En los escritos de los peregrinos, se habla de una celebración de la cosecha que compartieron con los miembros de la comunidad wampanoag. Esta reunión se suele considerar el primer Día de Acción de Gracias.*

Este cuadro de los peregrinos y los wampanoag muestra que sus relaciones eran cordiales.

UN PROYECTO DE GOBIERNO

Aunque el Pacto del Mayflower ya no estaba vigente, influyó en las políticas democráticas que los colonos adoptaron. Solamente los hombres libres, que eran los hombres adultos de la colonia, tenían el derecho al voto. Sin embargo, el privilegio de votar también conllevaba responsabilidad. Si no asistían al Tribunal General, que tenía a su cargo funciones legislativas y judiciales en la colonia, podían ser multados.

Según la población fue creciendo y la colonia se expandió para poder incluir más asentamientos, ya no fue posible que todos los hombres libres asistieran a las reuniones del Tribunal General. Para el año 1683, los diferentes asentamientos podían tener sus propias reuniones y después elegir a un representante para enviar a las reuniones del Tribunal General.

Bradford también trabajó con Edward Winslow para escribir Mourt's Relation, *que es un diario a bordo del Mayflower y los primeros días de los peregrinos en la colonia de Plymouth.* Mourt's Relation *incluye una de las primeras copias del Pacto del Mayflower.*

WILLIAM BRADFORD

Después de la muerte repentina de John Carver en abril de 1621, William Bradford fue elegido gobernador de la colonia de Plymouth. Él era un separatista que había viajado a los Países Bajos y luego ayudó a organizar el viaje del Mayflower. *También fue uno de los autores principales del Pacto del Mayflower. Bradford fue elegido gobernador 30 veces entre 1621 y 1656. Sus escritos personales sobre la travesía a bordo del* Mayflower *y sobre los asentamientos de la colonia de Plymouth nos han ayudado a entender mejor cómo era la vida de los peregrinos.*

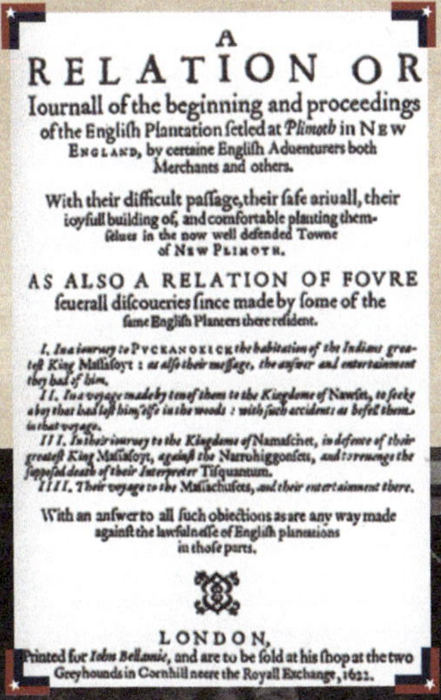

A
RELATION OR
Iournall of the beginning and proceedings of the English Plantation setled at *Plimoth* in NEW ENGLAND, by certaine English Aduenturers both Merchants and others.

With their difficult passage, their safe ariuall, their ioyfull building of, and comfortable planting themselues in the now well defended Towne of NEW PLIMOTH.

AS ALSO A RELATION OF FOVRE seuerall discoueries since made by some of the same English Planters there resident.

I. In a iourney to PVCKANOKICK *the habitation of the Indians greatest King* Massasoyt *: as also their message, the answer and entertainment they had of him.*

II. In a voyage made by ten of them to the Kingdome of Nawset, *to seeke a boy that had lost himselfe in the woods : with such accidents as befell them in that voyage.*

III. In their iourney to the Kingdome of Namaschet, *in defence of their greatest King* Massasoyt, *against the* Narrohiggonsets, *and to reuenge the supposed death of their Interpreter* Tisquantum.

IIII. Their voyage to the Massachusets, *and their entertainment there.*

With an answer to all such obiections as are any way made against the lawfulnesse of English plantations in those parts.

LONDON,
Printed for *Iohn Bellamie*, and are to be sold at his shop at the two Greyhounds in Cornhill neere the Royall Exchange, 1622.

El Pacto del Mayflower no fue la única contribución de la colonia de Plymouth al establecimiento del gobierno de Estados Unidos que hoy conocemos. En 1636, el Tribunal General creó un código legal para la colonia. Este fue el primer código legal en lo que luego sería Estados Unidos. Este código también contiene lo que algunos historiadores consideran una carta de derechos, que incluía el derecho a un juicio por jurado. Este derecho es una parte importante de una sociedad democrática, y es una de las bases del sistema legal estadounidense.

La colonia de Plymouth nunca recibió un **decreto** real del rey de Inglaterra, ya que, en 1691, esta colonia pasó a pertenecer a la colonia de la bahía de Massachusetts, que era mucho más grande.

Fotografía de la Roca de Plymouth

1608	*Algunos separatistas viajan a los Países Bajos.*
Agosto de 1620	*El* Mayflower *y el* Speedwell *parten hacia el Nuevo Mundo, pero ambos barcos tienen que regresar a puerto debido a fugas de agua en el* Speedwell, *que permanece en Inglaterra.*
6 de septiembre de 1620	*El viaje del* Mayflower *comienza oficialmente.*
11 de noviembre de 1620	*Se redacta y se firma el Pacto del Mayflower. John Carver es elegido gobernador.*
Diciembre de 1620	*Se establece la colonia de Plymouth.*
Abril de 1621	*Carver fallece repentinamente y William Bradford es elegido gobernador.*
Junio de 1621	*La colonia de Plymouth recibe una nueva patente de Inglaterra. Ya no es necesario el Pacto del Mayflower.*
1638	*El Tribunal General de Plymouth permite que los hombres libres de otros asentamientos se reúnan y elijan representantes para asistir a las reuniones.*
1691	*La colonia de Plymouth pasa a formar parte de la colonia de la bahía de Massachusetts.*

La colonia de Plymouth solo existió durante 71 años. En ese tiempo, sus fundadores dejaron huella en el futuro de la democracia de Estados Unidos.

UNA BASE SÓLIDA PARA EL FUTURO

Cuando las colonias declararon su independencia de Inglaterra en 1776, hacía más de un siglo que el Pacto del Mayflower estaba en desuso. Aun así, este documento influyó enormemente en la democracia que se establecería en Estados Unidos. Su definición de un "cuerpo político civil" y su idea de autogobierno son conceptos que se aprecian claramente en la Constitución de Estados Unidos. Los signatarios del Pacto del Mayflower establecieron un sistema de votación mayoritaria que se refleja en el proceso político de Estados Unidos hoy día. También resaltaba la importancia de crear un gobierno que trabajara para el bien del pueblo, que es lo que se espera del gobierno de Estados Unidos.

El Pacto del Mayflower fue un acuerdo redactado y firmado para garantizar la supervivencia de los primeros colonos de Norteamérica. Además, sirvió para sentar la base para una nueva democracia.

GLOSARIO

aventurado: peligroso, arriesgado.

bicentenario: 200 años de algún acontecimiento importante. Celebración que se conmemora.

decreto: documento que expide el gobierno para dar algún privilegio a una persona o grupo.

congregación: una comunidad religiosa.

folleto: texto impreso de pocas páginas.

inmigrante: una persona que se muda a otro lugar para vivir allí.

jurisdicción: los límites o territorios dentro de los cuales una persona o grupo puede ejercer su autoridad.

patente: documento en el que la autoridad da un derecho o permiso.

persecución: trato cruel, sobre todo cuando es a causa de la raza, la religión o las creencias políticas de una persona.

porta: abertura en los costados del barco para ventilar y dar luz.

redactar: poner algo por escrito.

sirvientes bajo contrato: una persona que trabaja sin que le paguen a cambio de su pasaje a un país nuevo.

ÍNDICE

SITIOS DE INTERNET

Debido a que los enlaces de Internet cambian a menudo, PowerKids Press ha creado una lista de los sitios Internet que tratan sobre el tema de este libro. Este sitio se actualiza con regularidad. Por favor, usa este enlace para ver la lista:
www.powerkidslinks.com/amdoc/maycom